Todos los libros de Linkgua Ediciones cuentan con modelos de Inteligencia Artificial entrenados por hispanistas. Pregúntale al chat de tu libro lo que desees acerca de la obra o su autor/a.

Para ebooks: Accede a nuestro modelo de IA a través de este enlace.

Para libros impresos: Escanea el código QR de la portada con tu dispositivo móvil.

Obtén análisis detallados de nuestros libros, resúmenes, respuestas a tus preguntas y accede a nuestras ediciones críticas generativas para una experiencia de lectura más enriquecedora.
La transparencia y el respeto hacia la autoría de las fuentes utilizadas son distintivos básicos de nuestro proyecto. Por ello, las respuestas ofrecen, mediante un sistema de citas, las fuentes con las que han sido elaboradas.

Juan de la Cueva

Llanto de Venus en la muerte de Adonis

Barcelona 2024
Linkgua-ediciones.com

Créditos

Título original: Llanto de Venus en la muerte de Adonis.

© 2024, Red ediciones S.L.

e-mail: info@linkgua.com

Diseño de cubierta: Michel Mallard.

ISBN rústica: 978-84-9816-808-2.
ISBN ebook: 978-84-9897-911-4.

Cualquier forma de reproducción, distribución, comunicación pública o transformación de esta obra solo puede ser realizada con la autorización de sus titulares, salvo excepción prevista por la ley. Diríjase a CEDRO (Centro Español de Derechos Reprográficos, www.cedro.org) si necesita fotocopiar, escanear o hacer copias digitales de algún fragmento de esta obra.

Sumario

Créditos	4
Brevísima presentación	7
La vida	7
Argumento	9
Llanto de Venus en la muerte de Adonis	11
Epitafio	43
Libros a la carta	45

Brevísima presentación

La vida
Juan de la Cueva de Garoza (Sevilla, 1543-1612). España. Vivió en Cuenca, en Canarias y en México entre 1574 y 1577; a su regreso a España empezó a escribir dramas. Se inspiró en el Romancero y en la mitología grecolatina y adoptó temas históricos y legendarios.

Escribió además veinticinco sonetos, varias églogas, una elegía, una sextina, tres madrigales y dos odas, que aparecen en el cancionero *Flores de varia* poesía. El *Ejemplar poético*, escrito hacia 1606 y dividido en tres epístolas, es un arte poética manierista en tercetos encadenados. Otras obras suyas son *Viaje de Sannio*, poema de crítica literaria; *La Muracinda*, una narración épica burlesca de una venganza entre perros y gatos en endecasílabos blancos, el poema mitológico en octavas reales *Llanto de Venus en la muerte de Adonis*, y la narración mitológica burlesca en octavas reales *Los amores de Marte y Venus*. Una colección de sus poemas fue publicada como *Obras de Juan de la Cueva* (Sevilla, 1582) y sus romances aparecen en *Coro Febeo de Romances historiales* (1587). También le tentó la épica culta, y escribió el poema en veinticuatro cantos *La conquista de la Bética* (Sevilla, 1603), que describe la conquista de Sevilla por Fernando III el Santo.

Se conservan además unas catorce piezas dramáticas en cuatro jornadas, de las cuales las más relevantes son *El infamador*, cuyo protagonista prefigura el arquetipo del Don Juan clásico y que introduce personajes alegóricos, *El Saco de Roma*, *La muerte del Rey Don Sancho*, *La libertad de*

España por Bernardo de Carpio y la *Tragedia de los siete Infantes de Lara*. Estas junto a otras fueron publicadas en 1583 con el título *Primera parte de las tragedias y comedias de Juan de la Cueva*.

Argumento

Adonis fue hijo de Cínaras, rey de los cipros, habido incestuosamente en su hija Mirra, cual dice Ovidio en el décimo de sus Transformaciones. Siendo Adonis mancebo de mucha gentileza, se enamoró dél la diosa Venus, de la cual el dios Marte estaba aficionado, y conociendo que por los amores de Adonis era desfavorecido y menospreciado de la diosa Venus, se transformó en un jabalí, y andando Adonis cazando cual tenía de costumbre en el monte Idalio, le salió el jabalí en que Marte se había transformado y le dio una herida en la ingle de la cual Adonis murió luego. Viendo la Diosa Venus muerto a su querido, con triste llanto conmovió a Júpiter y a los demás dioses a bajar a consolar a Venus, que después de muchas lágrimas lo volvió en una flor roja llamada anémone.

Llanto de Venus en la muerte de Adonis

El llanto acerbo y muerte dolorosa,
el sentimiento triste y desventura,
las congojas del alma temerosa
y el joven en injusta sepoltura;
la hija del gran Jove poderosa
que en flor volvió la forma y hermosura
de su querido y deseado amante,
me inspira Apolo que en su lira os cante.

Si vuestro ingenio alto y ecelente
admitiere mi canto doloroso
y el llanto de la diosa más potente
que habita el cielo de inmortal reposo,
verá bajar a Jove presidente
del celeste consilio poderoso
a Neptuno dejar cetro y gobierno,
y al dios tartáreo del horrible Infierno.

Con ese claro nombre que engrandesce
a nuestra Iberia, patria esclarecida,
por quien su inmortal gloria resplandesce
en la dorada edad restituida,
favoreced la Musa, que os ofresce
lo que puede, y va a ser favorecida
de vos, dándole el paso a la alta cumbre
del que los orbes dora con su lumbre.

Oh luz sidérea, honor del rico ocaso,
a quien rodea la encendida zona,

sacro retor del coro de Parnaso,
poseedor de Hipocrene y Helicona
no me falte tu amparo en este paso,
porque mi canto del amor pregona;
pierde la antigua enemistad, pues tienes
la venganza del caso que mantienes.

Si en fuego ardiente se abrasó tu pecho
por la hermosa hija de Peneo,
tú descubriste de su madre el lecho
manifestando su adulterio feo;
si a tu hija encendió en amor estrecho
del monstro fiero con bestial deseo
ahora a Venus puedes ver arderse
y sin remedio en llanto deshacerse.

Habiendo Venus ahincadamente
a su querido Adonis persuadido,
que perdiese el furor y el brío ardiente
que en perseguir las fieras ha tenido,
creyendo que en el ánimo valiente
puede el consejo a la ocasión venido,
así la diosa al joven persuadía
y mil graves peligros le ponía.

Determinada de partirse al cielo
entre sus brazos a su Adonis prende
y vuélvele a decir: «Dulce consuelo,
por quien mi alma en vivo amor se enciende,
huye, y recela algún adverso duelo
y de seguir las fieras te defiende.
Mira que me fatiga un espantoso
estímulo, que turba mi reposo.

Todas las horas que al descanso obligan
éste y otros cuidados me desvelan,
éste y otros me turban y fatigan
y las entrañas de pavor me yelan;
no fuerza en mis dolores no mitigan
cuidando (ay, gloria) un mal que te recelan
las sombras portentosas que me espantan
y las horribles aves que me cantan.

éste cesa, con solo persuadirte
que el uso de la caza trabajosa
es peligroso, y pueden mal regirte
flacas fuerzas en lid tan rigurosa;
bien puedes a mi ruego reducirte
y admitir el consejo de tu diosa
que no te ofrece a cosas imposibles
que lo fueran a fuerzas invencibles».

Puso la bella vista en el hermoso
joven, enternecida y suspirando,
mostrando un sentimiento congojoso
el de su alma, en él sinificando.
Volvió a decille: «Amor, vida, reposo;
que no sigas las fieras te demando».
Y con estrecho abrazo se despide
y encima de su carro el aire mide.

Ida Venus, Adonis da la vuelta
al monte Idalio, y cerca su aspereza
tiende las redes y los canes suelta
y espárcelos por toda la maleza;

el arboleda estaba tan revuelta
que mal ejercitaban la destreza;
al fin, tras de su aliento rastreando
fueron un bravo jabalí alterando.

Las cerdas erizadas, hace cara
a los monteros que tras él venían,
y con fiera braveza se repara
a los perros, que apriesa lo seguían;
arrimándose a un roble, en él se ampara,
mas desde fuera recio lo herían,
cuál con saeta, cuál con dardo agudo
en el pecho que pone por escudo.

El monte deja, y sale al verde prado
siguiéndolo los diestros cazadores;
Adonis, que algo estaba desviado,
acude presto oyendo los clamores;
no baja río tan desenfrenado
de ecelso monte, ni los voladores
rayos, que arroja Júpiter al suelo,
ni la errante cometa por el cielo,

cuanto en presteza el joven se adelanta,
que el viento precedía en la soltura,
que sin tocar al suelo con la planta
al prado sale y deja la espesura;
ve estar la fiera de braveza tanta
que le admira mirarle la postura,
cómo desvía al uno, al otro acude,
cómo al que llega hiere y lo sacude.

El animoso Adonis acomete
al jabalí, que así se defendía,
y con brioso ánimo le mete
el venablo con diestra lozanía;
herido, contra el joven arremete,
y el joven, sin mostrarle cobardía
le aguarda, mas la fiera embravecida
le dio en la ingle una mortal herida.

Penetróle la llaga rigurosa
que la ingle le abrió de parte a parte,
por do la muerte oscura y dolorosa
en él vino a ocupar la mejor parte;
el alma suelta sale presurosa,
y con divorcio natural se parte
del cuerpo el alma que sin vida deja
en la tierra, a ser tierra, y dél se aleja.

Habiendo el corvo diente del cerdoso
jabalí, dado muerte al joven tierno
que tendido en el suelo polvoroso
estaba ya entregado al sueño eterno,
la idalia diosa, que el camino airoso
iba subiendo a su lugar superno
descuidada del caso sucedido
aunque no del recelo en que ha vívido.

Yendo su vía, vio que se volvían
los cisnes que del carro le tiraban,
los unos, que a una parte revolvían,
los otros, que al contrario caminaban,
que con horror las alas sacudían

y en lugar de cantar grasnidos daban;
la diosa entendió bien que estas señales
pronosticaban venideros males.

Los ojos vuelve adonde la memoria
tiene ocupada, y corazón cativo,
do tiene todo su contento y gloria
por quien se arde en dulce fuego vivo,
viendo que en esta vida no hay vitoria
ni bien a quien no turbe el mal esquivo,
con el recelo desto, en un instante
la vista envía a procurar su amante.

Tiende los ojos donde amor se anida,
mirando ahora el monte, ahora el prado,
investigando aquesto embebecida
traía la memoria y el cuidado,
cuando a su vista, en nada detenida,
se presentó sin alma el cuerpo amado;
revuelve con presteza sacudiendo
el carro aéreo, al suelo decendiendo.

Ahora, oh Musas del febeo secreto,
podéis dar vuestro aliento al canto mío,
que ya me falta, y hallo mi sujeto
débil, si no aspiráis con nuevo brío;
pues espíritu humano es sin efeto
al fin que aspiro y de cantar confío,
sí no os parecen cosas peregrinas
llorar humano lágrimas divinas.

Celebrará mi verso el tierno llanto

de la madre de Amor, de amor cativa,
los ardientes suspiros, el quebranto,
el sentimiento de la muerte esquiva;
haré saber con espedido canto,
siéndome concedida el agua viva
los que en el llanto citereo estuvieron
y quién y cuáles su dolor sintieron.

Deja el ligero carro en que iba al cielo,
que le parece tardo y perezoso,
y con veloz presteza baja al suelo
que su cuidado no le da reposo;
ardiendo en vivo amor y desconsuelo,
viendo el triste suceso doloroso
pasa por montes, prados, prestamente,
que amor es natural ser impaciente.

Bien descuidada del infausto duelo
que veo, y que la muerte rigurosa
tan presto me privara del consuelo
con que vivía mi alma tan gozosa;
mas, ¿quién se fía en cosas deste suelo?
¿Por qué me descuidé? ¡Ay, alevosa
enemiga del bien del alma mía,
fiera contra mi dulce compañía!

A mí puedo culparme de tu suerte
pues tuve corazón para dejarte,
yo meresco el castigo acerbo y fuerte
si la Muerte en los dioses tiene parte.
Eternamente lloraré tu muerte,
jamás podré olvidarme de llamarte

Adonis mío, y este dulce nombre
quede por gloria mía y tu renombre.

Ningún contento me será agradable,
todo me dará pena y descontento,
siempre viviré en llanto miserable
en memoria del duro acaecimiento;
en voz fúnebre y verso lamentable
repetirá mí alma en triste acento
tu dolorosa muerte, Adonis mío,
y cantada del Austro al Bóreas frío.

«Bien podrá Febo no mostrar su lumbre,
Júpiter de su imperio ser quitado,
Proserpina habitar la ecelsa cumbre
del cielo, entre los brazos de su amado
y no acabarse la inmortal costumbre
de ser de mí tu nombre celebrado,
ay bello Adonis, ay Adonis mío
pues de mi alma hubiste el señorío.»

Esto diciendo la ericina diosa,
sobre el cuerpo del joven ya sin vida,
del intenso dolor y ansia penosa
quedó con un desmayo amortecida.
La voz fue por la selva sonorosa
por la ligera Eco repetida,
que las hermosas Dríadas la oyeron,
y a ella las Nereides acudieron.

Tuvo tal fuerza el llanto doloroso
que conmovió el oír el triste acento,

que dejando las diosas su reposo
viniesen al citereo descontento;
y así acudió con paso presuroso
de diosas, ninfas, faunos, el convento
a consolar la mísera tristeza
de Venus, en su angustia y aspereza.

Cuál deja el hondo y espumoso río,
cuál el monte de árboles cercado,
cuál la labor, y cuál sin atavío
apriesa sale cual se halla al prado;
jamás se vio acudir tan gran gentío
de varias partes a ningún mercado
cuanto al llanto de Venus acudieron
que el prado y largas márgenes cubrieron.

No vino por el aire al presto grito
del ave presa, tantas aves sueltas,
ni de estrimonias grúas el conflito
cuando con los pigmeos traen revueltas
ni en Roma se vio el número infinito
en el Anfiteatro, o en las vueltas
de Baco, o las de Fauna Bonadea,
cuanto acudió a la pena citerea.

Los pastores dejaban la manada
por venir tras las ninfas congojosas,
los sátiros, la rustiquez dejada,
acompañaban a las bellas diosas;
toda la selva fue desocupada
y llena de las voces sonorosas
que todas dieron viendo a Adonis muerto,

sintiendo tiernamente el daño cierto.

Ven la madre de Amor en aquel suelo
tendida, sin acuerdo ni sentido,
lloran de verla en su lloroso duelo,
alzan a una el llanto entristecido.
Las aves paran de su presto vuelo,
atrás los ríos su curso han detenido,
los vientos no soplaron, los ganados
el pasto olvidan de los verdes prados.

Sienten de Adonis la inmatura muerte,
venlo sin vida, y a la idalia diosa
traspuesta del dolor soberbio y fuerte
contra el cual no valió ser gloriosa;
que a la fuerza de amor ninguna suerte
jamás se vio que fuese poderosa,
que ni aun el mismo Amor pudo librarse
de Sique, ni su madre reservarse.

Sueltan al aire los cabellos de oro
y su fiero dolor y pena aumentan
viendo en el suelo el único tesoro
de Venus, y sus llantos acrecientan;
de los saltantes sátiros el coro
acude, y los pastores se presentan
con voces, que hiriendo las montañas
resonaban por bosques y campañas.

Todo era angustia, todo era quebranto,
todos eran acentos dolorosos,
no se oye otra cosa sino llanto,

clamores, y suspiros congojosos.
Las ninfas, desviadas de su canto,
del arco, danza, y juegos amorosos
andaban por el prado discurriendo
ejercicios tristísimos haciendo.

Los retejidos corros olvidaban,
la suelta ligereza no seguían,
el corvo arco no lo ejercitaban
ni a la silvestre caza acometían;
todo ya por odioso lo dejaban,
todo sino el llorar aborrecían,
llamando a voces a su bella diosa
que traspuesta en su mal no oye cosa.

La triste y melancólica Angerona
diosa de la tristeza, estaba a un lado
y un mudo son en un gemido entona,
los dos labios sellados de un candado.
La rica Flora y cordial Pomona,
el ánimo de entrambas lastimado,
sintiendo el caso y llorando el daño
del dañado culpaban el engaño.

Resonaba en el alto firmamento
el llanto, por los aires esparcido,
a todas partes en confuso acento
andaba haciendo horrísono ruido;
arrebata la voz el presto viento,
tracendiendo los aires ha herido
en el trono de Júpiter tonante,
donde Eco la hace resonante.

El padre Jove, que del caso horrendo
estaba descuidado, y de la pena
que la querida hija está sufriendo
de todo su contento y bien ajena,
en su celeste audiencia proveyendo
lo que su inmensa providencia ordena,
así en las cosas del humilde suelo
o en las que tocan al sublime cielo,

vuelve aquel rostro con que la fiereza
del fiero viento hace sosegarse,
y del airado mar, que con braveza
suele a las altas nubes levantarse;
ve la madre de Amor en la graveza
del soberbio dolor, sin remediarse;
gime el suceso en el oculto pecho,
siente ver a su hija en tal estrecho.

Ve los campestres sátiros y diosas
andar haciendo miserable llanto;
ve las cerúleas ninfas congojosas
y las silvestres en fúnebre canto.
Júpiter, suspendido en estas cosas,
triste que Venus sienta aquel quebranto,
determina bajar en presto vuelo
al suelo, a consolar el triste duelo.

Ya los tiernos suspiros habían ido
al hondo Huerco do Plutón reinaba;
siendo ya el triste caso dél sabido
dejando a Proserpina caminaba;

porque no era el término cumplido
de los seis meses que con él estaba
con tierno abrazo della se desparte
y del horrible reino apriesa parte.

Guían al rico dios las infernales
Euménides, el Sueño y la Pereza;
la Codicia inmortal de los mortales
y el Avaricia llena de tristeza;
los odios, las venganzas, y los males
que trae la hambre de adquirir riqueza,
y todas las miserias que en el mundo
atormentan y llevan al profundo.

El gran Neptuno y el cerúleo bando
de tritones y ninfas salen fuera,
todos en tristes lágrimas mostrando
de Venus el dolor y pena fiera;
el ancho prado ya venía ocupando
de Baco la compaña placentera,
coronada de pámpanos, corriendo,
unas veces llorando, otras riendo.

Iba el viejo de Nisa, el dios Sileno
con su gran vientre y ojos adormidos,
llorando como propio el mal ajeno
dando, tras un ¡ay!, otro, y mil gemidos;
de netáreo licor un frasco lleno
(que el olor regalaba los sentidos)
llevaba junto a sí, con que mojaba
la lengua que el calor le desecaba.

Los sátiros que en torno del jumento
iban acompañándole, volvían
a mirar el lloroso sentimiento,
casi dando a entender que lo sentían.
Yendo en este confuso movimiento
por el camino a que su intento guían
llegó Momo diciendo: «Oh, ayo amado,
del que de vides anda coronado:

¿Adónde haces por aquí camino
con mustio rostro y con semblante triste?
Si desto, oh padre, me hicieres dino,
te diré la ocasión que así me viste.
Mira cual voy en traje peregrino
del que usé siempre, y tú me conociste,
por ver si aplaco por tan nuevo modo
a Jove, a quien odioso soy en todo».

Reconoció la voz y abrió los ojos
Sileno, y como vio al pungiente Momo,
dijo: «¿De qué proceden tus enojos
que yo a mi cargo su remedio tomo?
Bien sabes que te puedo dar despojos
del que dijiste, y que sus fuerzas domo;
y con este seguro, dime presto:
¿qué ha sido la ocasión que así te ha puesto?».

Dio un gran bostezo y la cabeza inclina
sobre el pecho, y volvió a decir: «¿Qué aguardan
los míos?, ¿en qué ocupan la divina
bebida?, ¿para cuándo nos la guardan?».
Al punto, cada sátiro camina

(que un solo instante en acudir no tardan)
con frascos, y otros vasos revertiendo
el nisio humor, que él se venía moviendo.

Tomó Sileno un frasco, y Momo apaña
otro, y a una entrambos comenzaron
con un sediento ardor y un ansia estraña,
que con ser propia en ellos, se admiraron;
dábanse a su labor tan buena maña
que aún al resuello el paso le negaron,
y como por estorbo lo tenían
felicemente sin cesar bebían.

Como acabasen la porción vinática,
Sileno respiró y dijo: «Amigo,
diestro estás en la vídica gramática
que yo con todos mis alumnos sigo;
y volviendo a la ya dejada plática
quiero saber adónde va contigo
tanto enlutado y qué te enluta tanto,
porque me da la novedad espanto.

Yo voy, cual ves, por este prado ahora
con lento paso y con aspeto triste
a donde Venus a su amante llora,
que es decir donde voy cual me pediste;
tú, que por horas crece y se mejora
de tu dolor el ansia que dijiste
que te acrecienta, el odio del potente
Jove, aguardo a saber atentamente».

Levantó (Momo) el ala del sombrero

respondiendo: «Oh Sileno, quién tuviera
la lengua de aquel nuncio palabrero
que estima el regidor de la alta esfera
mas ya que me acompaña este grosero
modo, y es fuerza en él que te refiera
los festivos sucesos que a mi cuenta
están de pesadumbres y de afrenta,

oye con atención la nueva historia
por ventura de ti jamás oída,
y aunque es verdad que aflige mi memoria,
tal vez la veo de gozo enriquecida;
sabrás, que en menosprecio de mi gloria
el aula de los dioses conmovida
pronunció que del cielo me lanzasen
y de estar entre ellos me privasen.

La causa fue que el hijo poderoso
de Saturno, mandó subir al cielo
todos los dioses con deseo amoroso
de complacer a Juno su consuelo,
convidando a un banquete suntuoso
que admiración pusiese a los del suelo
y a los que se concede en su presencia
el néctar por honor o perminencia.

La fama desto divulgó la Fama
con sus cien lenguas de metal nombrando
a quien la permisión de Jove Dama
para su lauta mesa convidando.
Yo, como sé del modo que me ama,
saber quise a quién iba señalando

y dijéronme: Momo, a ti te escluyen
del banquete y de ti los dioses huyen.

Cuando hirió tal voz en mis oídos
se me anudó la lengua a la garganta,
prívame el sentimiento los sentidos
y de horror el cabello me levanta;
en suspensión mis pasos detenidos
sin poder resistir congoja tanta
caí, donde juzgara quien me viera
que estaba muerto, si morir pudiera.

Estando de la suerte que te digo
un grande espacio, al fin volví en mi acuerdo
dando voces a Jove, mi enemigo,
y todos mis agravios le recuerdo;
desafiélo a pelear comigo
diciendo (pues por ti la gloria pierdo):
¿Donde tantos adúlteros se alojan
no cabe Momo, y solo dél se enojan?

¿Qué estrupo o qué maldad no se comete
de ésos tus aliados, Jove fiero?
Cuál en la piel de un sátiro se mete,
cuál en un lince y cuál en un carnero,
estos son dinos de ir a tu banquete,
estos tendrán asiento en lo primero;
Momo es el malo por decir verdades
ellos son buenos por hacer maldades.

Estando en este frenesí encendido
se resfrió la cólera herviente,

reducí la razón que había perdido
y entender quise la razón urgente,
por donde me vía ser aborrecido
de los dioses y Júpiter potente;
y acordéme que fue de mis enojos
no mi lengua la causa, mas mis ojos.

Sabrás que un día, entrando descuidado
en donde Juno tiene su aposento,
sin saber de quién pude ser llevado
presente me hallé en su acatamiento
estaba el bello espíritu entregado
al cimerio dulzor», sin ornamento,
tendida en su regalo y blanda cama,
que el regalado en ella, adora y ama.

Estaba, cual la vio el pastor ideo
en Ida con las otras bellas diosas
cuando aspiró a salir con el trofeo
de más hermosa que las dos hermosas;
quedé cuando la vi cual hoy me veo,
estimulado de ansias pavorosas,
convertido en un Bato, sin moverme,
sin discurso ni ser para valerme.

Embelesado cual te digo estaba
y ella durmiendo con descuido y gusto,
bien ajena del bien que yo gozaba
que le sobresaltó con tal desgusto,
porque abriendo las luces que cerraba
el blando sueño, y viendo el caso injusto,
dejó salir la voz, con altas voces

llamando a sus sirvientes, a los dioses.

Con la mayor presteza que te puedo
sinificar, huí de su presencia,
prestando alas a mi fuga el miedo,
ayudando a la presta diligencia;
púseme en salvo vitorioso y ledo
sin aguardar a nueva competencia;
quedó el suceso sin saberse oculto,
que fue encubrir la culpa del insulto.

No se trató más desto, y llegó el día
del convite aplazado en que a mí solo
con tanto menosprecio me escluía,
que fue más que justicia un falso dolo;
estimé en tanto esta deshonra mía
que fuera déste al otro opuesto polo
peregrinando, por vengar mi ofensa
en quien más libre y más señor se piensa.

Apercebí con este sentimiento
un gran saco de pulgas, y escondido
debajo de mi manto, y con gran tiento
al punto conveniente apercebílo;
subí, y estaba Apolo en su instrumento
echando de gloriosa, en alto estilo
a los dioses y diosas celebrando,
y Mercurio con sueltos pies danzando.

Viendo que estaban en la voz y danza
ocupadas las vistas, fui llegando
poco a poco a la mesa, y sin tardanza

le fue las pulgas a sus pies largando;
tendiéronse, y con libre destemplanza
en unos y otros su costumbre usando;
que ni a ojos ni a rostros perdonaron
ni a partes reservadas reservaron.

Cuando los dioses tal ardor sintieron
en sus cuerpos, dejaron los escaños
y de las mesas con pavor huyeron
sin conocer la causa de sus daños;
la vista todos contra mí volvieron
con semblantes y zuños tan estraños
que el mismo reino del horror temblara
como yo, sin osar alzar la cara.

Ellos, en su congoja fatigados
cual yo en la mía, aunque riendo dellos,
cuán sin concierto y cuán desatinados
andaban, y cuán fuera de entendellos;
daban voces, tomaban denodados
armas, para en su honor satisfacellos;
las diosas se quejaban y gemían
y venganza a los dioses pedían.

Viendo el riesgo a los ojos, pavoroso,
puse en los pies mi último remedio
y huí de entre todos presuroso
así eligiendo mi seguro medio.
Jove dijo: él se va vitorioso
de todos, pues teniéndolo aquí en medio
no fuimos poderosos de estorballe
la ida, y dinamente castigalle.

Mas ya que ahora en libertad se puso,
Mercurio, ve y di que lo destierro
del cielo, y que el terrestre y mortal uso
siga, y que en sus márgenes lo encierro.
De la suerte que Jove lo dispuso
lo ejecutó Mercurio, y por mi yerro
quedé del alto cielo desterrado
y en infame bajeza condenado.

Y viendo esta ocasión que a Venus tiene
rendida a su dolor, junté esa gente
del Parnaso, que a honrar comigo viene
con luto y versos la ocasión presente.
Esto hago por ver si se contiene
Jove, del odio que me muestra ardiente,
por ver si puedo así lisonjeallo
en celebrar el muerto y alaballo.

«Bien haces —respondió Sileno—, y vamos,
que la hora nos llama y apresura,
y más en la sazón que deseamos
para probar en Jove tu ventura;
y pues vemos el puesto que buscamos,
con diligencia la deidad procura
que en gozo tiene de volver tu pena,
y ve en paz, que el fúnebre clamor suena.»

Despidiéronse, y Momo fue derecho
adonde Venus desmayada estaba,
de su insignia contento y satisfecho
que era lo que a su intento le importaba.

Mostró el semblante, que al doblado
pecho tanto llanto y gemido lastimaba,
admirado de ver los que acudían
y lo que al funeral apercebían.

Ya la fúnebre flauta congojosa
convidaba a llorar la muerte indina;
todos cercaban a la cipria diosa
y a ella, el que más puede se avecina;
arde el ciprés en llama codiciosa,
apareja la tumba Libitina,
ya las ninfas las reses degollaban
y al fuego ardiente las entrañas daban.

Humean los altares, arde el fuego
en los sacrificados animales;
acude a ver el humo el vulgo ciego
y a consultar agüeros y señales.
Todo anda envuelto, todo sin sosiego,
las ninfas y las diosas celestiales,
los semideos, faunos y pastores
celebran las obsequias con clamores.

En esto andaban todos vacilando
cuando el satúrneo Júpiter en vuelo
(con todo su celeste y sacro bando
de moradores del sublime cielo)
ante Venus se muestran, que olvidando
todas las cosas en su desconsuelo
está transpuesta, del dolor crecido
ya sin aliento, ajena de sentido.

El movedor del sidérea altura
viendo la hija en tal estado puesta,
con grave afeto siente el ansia dura,
y el dolor que la tiene así transpuesta;
y para remediar su desventura
toda su inmensa providencia apresta;
mas viendo que otro dios hizo este hecho
entiende que el remedio es sin provecho.

Que ya una vez el alma libre y suelta,
como hubiese gustado del Leteo,
imposible sería dar la vuelta
al mundo a ver el resplandor febeo,
que entre desnudas almas ya revuelta
andaría vagando, con deseo
que la gran madre al cuerpo dé hospedaje
por no aguardar cien años el pasaje.

El hijo de Saturno revolviendo
esto consigo, en su oculta mente
mil diversos remedios proveyendo,
aunque ninguno al caso conveniente:
porque el mejor en este mal horrendo
es inviolable ley que no consiente
lo que hacía entre los dioses uno
que lo pudiese deshacer ninguno.

Esto advertiendo Jove, no podía
tornar a nueva vida al joven muerto
que bien claro del hecho conocía
que fue Marte el autor del desconcierto;
porque el amor que a Venus le tenía,

por quien tenía el corazón abierto,
no podía estorballo de otra suerte
sino con darle a Adonis cruda muerte.

Por esta causa, ardiendo en ira y celo,
viendo menospreciarse de la diosa,
quiso privar a Venus de consuelo
con darle a Adonis muerte rigurosa.
El regidor del inmutable cielo,
poseedor del cumbre luminosa,
por dar remedio a la amorosa madre
tocó la mano el poderoso padre.

El desmayo tristísimo desecha,
y vuelta en sí, a Jove conociendo
ante sus pies con mil suspiros se echa,
lágrimas congojosas despidiendo;
imagina que aquello le aprovecha,
y aquello irá su bien restituyendo;
que el deseo al que ama es engañoso
para emprender lo más dificultoso.

Alza la voz diciendo: «Oh padre caro,
¿qué razón puede haber que tal olvido
tengas de los que esperan en tu amparo
y con él en sus daños se han valido?
¿Por qué diste lugar que el Hado avaro
me hubiese de tal bien desposeído,
privando al joven cinareo de vida
y de contento a Venus tu querida?

¿Qué premio esperaré de tu clemencia?

¿Qué bien puede tu gran poder hacerme?
¿Qué puede en mí hacer tu omnipotencia
sí en tal dolor no fuiste en guarecerme?
¿Este remedio das a la inclemencia
de mi mal? ¿Esto ha sido socorrerme?
¿Este es el galardón que prometiste
cuando la suerte celestial me diste?

Cuán confiada en tu favor vivía,
cuán sin temor gozaba mi contento,
cuán sin recelo desta triste vía
andaba mi gozoso pensamiento.
Ay, padre mío; ay, fortuna mía,
que así mí gloria convertiste en viento,
sin que deidad ninguna contrastase
al duro Hado y su querer mudase.

Solo me resta el nombre glorioso
de ser nombrada y dicha hija tuya,
este solo renombre es poderoso
para que toda adversidad destruya;
con esto, y con tu aliento valeroso
no habrá fortuna que de mí no huya
y yo quede contenta y vencedora
de la suerte (ay de mí) que me veo ahora.

El Hado fiero y la invidiosa muerte
quisieron destruir mi bien y gloria.
Con ser tu hija y celestial mi suerte
no por eso dejaron su vitoria.
Si había de pasar dolor tan fuerte
no me hicieras de inmortal memoria,

nombrándome por diosa entre las diosas,
pues no me reservabas destas cosas».

Habiendo sus querellas concluido
la triste diosa en su dolor presente,
su razón con silencio ha interrumpido
por que responda el padre omnipotente.
Momo, que atento estaba, habiendo oído
la querella de Venus, dijo: «Siente
con sus quejas las mías, padre eterno,
con divina piedad y pecho tierno.

Bien sabes que jamás tuve mal trato
contra ti, aunque el vulgo se deslengua
llamándome traidor, sin ley, ingrato,
y cuanto quiere en vituperio y mengua.
Siempre contra mí tocan a rebato
porque me alargo un poco de la lengua,
que es la falta que tengo, y no es tan grande
para que tanto el vulgo se desmande.

Por esto me destierras, y me apartas
de estarme gloriando en tu presencia,
sin que ningún bien otro me repartas
cual hace a los demás tu omnipotencia;
por ver si de tu odioso ardor te hartas
vengo con esta insignia y aparencia
de sentimiento, por la infausta muerte
de Adonis, por servirte y complacerte.

A deplorar su muerte soy venido
con toda esta musaica compañía;

óyela con piadoso y grato oído,
oirás cuanto hay que oír en la poesía;
que Mercurio, a quien esto es remitido
de seguir con ardiente lozanía
la fiera, y de las voces que fue dando
está ronco, y de estar aquí llorando.

También dicen que Marte era la fiera
que al cipro joven le quitó la vida,
y que Mercurio sin saber quién era
le fue siguiendo con veloz corrida;
el jabalí, en furor ardiente espera
en su forma, dejando la fingida,
y que Mercurio cuando vio el denuedo
del tracio dios, enronqueció de miedo».

El arcadio cilenio, ardiendo en ira
fue a responder, y Jove dijo: «Vete,
vete de aquí, que el vulgo que te mira
un horrible castigo te promete;
no aguardes más, que todo se conspira
contra ti, y a las armas arremete.
Vete, profano Momo, y no respondas
o haré echarte en las marinas ondas».

Levantóse un clamor diciendo: «Vaya
el enemigo a todos los del cielo».
Momo, oyendo la voz, tiembla y desmaya
y con pies prestos va midiendo el suelo.
Acudió el hijo de la bella Maya
y al alboroto hizo alzar el vuelo;
sosegó todo, y Jove en voz suave

a Venus dice en su congoja grave:

«No fui de ti jamás tan olvidado,
ni tus penas me dan tan poca pena
que dellas viva un punto descuidado,
pues lo que a ti te aflige, a mí me pena;
ni me ofende tan poco tu cuidado
cual tu razón, sin ella me condena,
que a la necesidad despareciese
ni al Hado sobre ti poder le diese.

Bien sé que de mí entiendes otra cosa,
y que la pena del dolor presente
te hace contra mí ser sospechosa,
aunque razón en ello no consiente;
a la ocasión de estar triste y llorosa
no te quiero decir que estuve ausente
pues no hay cosa que haga de mi ausencia
ni parte que no ocupe mi presencia.

Mas quiérote advertir, hija querida,
que de la causa y caso miserable
que a triste sentimiento te convida
tiene la culpa el Hado incontrastable;
el cual, luego que el hombre tiene vida,
el límite le pone irreparable,
sin que deidad ninguna pueda darle
un punto más de vida, ni quitarle.

Mira si Apolo evitó la suerte
que contra el hijo el Hado disponía,
que con mi propia mano le di muerte,

cual en su suerte el Hado proveía.
¿Qué te podré decir de Alcides fuerte?
Con ser mi hijo, no fue suerte mía
remediarlo del fuego riguroso
que en él dispuso el Hado glorioso

El poderoso Hado tiene parte,
ninguno si no es él tiene derecho,
y así puedes a él solo querellarte,
aunque ya son tus quejas sin provecho.
A ti puedes con más razón culparte,
que no te preveniste antes del hecho,
con vivir recatada y temerosa
que no le sucediese adversa cosa.

Y pues ya remediallo no es posible,
consuela tu lloroso desconsuelo,
que no hay dolor ninguno tan terrible
que deje de admitir algún consuelo;
ya que tu dura pena es insufrible,
no permitas que sea inmortal el duelo;
sea tu refrigerio al descontento
que vamos juntos al celeste asiento.»

Cesó el gran movedor de los Triones,
a la acidalia Venus consolando,
si consuelos consuelan las pasiones
de un alma que en amor se está abrasando;
la cual, condecendiendo a las razones
del que en hombres y en dioses tiene mando
se vuelve al joven ya entregado en muerte
y en una flor purpúrea lo convierte.

Al punto, el prado pareció cubierto
de rojas amapolas producidas
de la sangre real del joven muerto
al nombre suyo desde allí ofrecidas,
porque sabiendo su misterio cierto
fuesen con reverencia conocidas,
trayendo su principio a la memoria
cual dio Venus al cuerpo nueva gloria.

No quiso que la tierra poseyese
el cuerpo que su alma poseía,
ni que sus bellas carnes consumiese
así cual hace cuantas cosas cría;
y porque ufana dél no se atreviese
juntar otra titánea compañía,
que provocase a guerra el alto cielo
y de sangre tiñese el mortal suelo.

Esto movió a la citérea diosa
volver en flor a su querido amante,
y moviendo la lengua gloriosa,
dice a las diosas que tenía delante:
«Oh ilustre compañía religiosa
y la demás terrestre circunstante:
yo os ruego que tengáis en la memoria
este día en que tuvo fin mí gloria.

Y desde hoy más, en religioso oficio
mi Adonis honraréis en este prado
con eterno y solene sacrificio
que sea en el mes de Julio celebrado;

esto, en el nombre suyo y mi servicio
aqueste aniversario sea guardado,
donde todos lloréis la triste muerte
de bello joven de tan alta suerte.

Y rodeando el túmulo funesto,
funestos versos andaréis cantando,
y el alma ilustre honraréis con esto
que en los Elíseos vive reposando.
Y tú, mi Adonis, que en mi alma puesto
quedas, quédate en paz ya descansando;
vale, mi Adonis; vale, mi consuelo;
vale, mi Adonis, gloria deste suelo.»

Esto diciendo, el carro se levanta
tirado de los cisnes sonorosos,
y con presteza tanto se adelanta
que precede los vientos presurosos.
Las diosas quedan en angustia tanta,
que vuelven a sus llantos dolorosos
y las ninfas renuevan sus querellas,
y el cielo hieren con las voces dellas.

Ida Venus, las ninfas y las diosas
convocan a los faunos y pastores
que esparzan por el suelo frescas rosas,
do murieron de Venus los amores;
y dejando las lágrimas piadosas
suban la tierra en alto con sus flores,
haciendo un alto túmulo, y se escriba
este epitafio en una piedra viva:

Epitafio

Aquí en este lugar la dura muerte
al bello Adonis despojó de vida,
que viviendo alcanzó tan alta suerte
que fuese Venus de su amor vencida.
Y en flor sin fruto ahora se convierte
al que le fue tal suerte concedida;
porque se entienda que el mortal contento
es frágil hoja que arrebata el viento.
Fin del Llanto de Venus por la muerte de Adonis.

Libros a la carta

A la carta es un servicio especializado para
empresas,
librerías,
bibliotecas,
editoriales
y centros de enseñanza;
y permite confeccionar libros que, por su formato y concepción, sirven a los propósitos más específicos de estas instituciones.

Las empresas nos encargan ediciones personalizadas para marketing editorial o para regalos institucionales. Y los interesados solicitan, a título personal, ediciones antiguas, o no disponibles en el mercado; y las acompañan con notas y comentarios críticos.

Las ediciones tienen como apoyo un libro de estilo con todo tipo de referencias sobre los criterios de tratamiento tipográfico aplicados a nuestros libros que puede ser consultado en Linkgua-ediciones.com.

Linkgua edita por encargo diferentes versiones de una misma obra con distintos tratamientos ortotipográficos (actualizaciones de carácter divulgativo de un clásico, o versiones estrictamente fieles a la edición original de referencia).

Este servicio de ediciones a la carta le permitirá, si usted se dedica a la enseñanza, tener una forma de hacer pública su interpretación de un texto y, sobre una versión digitalizada «base», usted podrá introducir interpretaciones del texto fuente. Es un tópico que los profesores denuncien en clase los desmanes de una edición, o vayan comentando errores de interpretación de un texto y esta es una solución útil a esa necesidad del mundo académico.

Asimismo publicamos de manera sistemática, en un mismo catálogo, tesis doctorales y actas de congresos académicos, que son distribuidas a través de nuestra Web.

El servicio de «libros a la carta» funciona de dos formas.

1. Tenemos un fondo de libros digitalizados que usted puede personalizar en tiradas de al menos cinco ejemplares. Estas personalizaciones pueden ser de todo tipo: añadir notas de clase para uso de un grupo de estudiantes, introducir logos corporativos para uso con fines de marketing empresarial, etc. etc.

2. Buscamos libros descatalogados de otras editoriales y los reeditamos en tiradas cortas a petición de un cliente.

www.ingramcontent.com/pod-product-compliance
Lightning Source LLC
Chambersburg PA
CBHW031506040426
42444CB00007B/1223